# Das große Buch vom
# LEGOLAND® Deutschland

# Das große Buch vom LEGOLAND® Deutschland

## Herzlich Willkommen im LEGOLAND® Deutschland

Faszinierende LEGO Modelle, rasante Achterbahnen, lustige Shows und kniffige Tüfteleien – all das wartet im LEGOLAND® Deutschland auf euch. Doch wer baut die ganzen Gebäude, Flugzeuge und Figuren? Wie viele Steine stecken in der LEGOLAND Allianz Arena? Wie funktioniert der 4D-Film und was könnt ihr im LEGOLAND eigentlich alles erleben? Kommt mit auf einen spannenden Rundgang durch den Park und blickt hinter die Kulissen dieser einzigartigen und bunten Welt.

# LEGOLAND® DEUTSCHLAND

**RESTAURANTS:**
- 50 Pizza Mania!
- 51 Schleckermaul – Kaffee & Süßes

**SHOWS:**
- 52 LEGO® Arena

## LAND DER ABENTEUER

- 53 Dschungel X-pedition
- 54 Kanu X-pedition
- 55 Safari Tour
- 56 Abenteuer Spielplatz
- 57 LEGOLAND® Eventfläche für Sonderveranstaltungen

**RESTAURANTS:**
- 58 Schnitzel Depot
- 59 Rama Waffelhütte
- 60 Dino Camp

**SHOPS:**
- 61 Joe´s Dschungelshop

**SHOWS:**
- 62 Affentheater

## LEGO® X-TREME

- 63 LEGO® RACERS Drome Racing
- 64 Wasserspiele
- 65 Wasserspielplatz
- 66 Wellenreiter
- 67 Projekt X – LEGO® Test Strecke
- 68 LEGO® Akademie
- 69 LEGO® MINDSTORMS™ Center
- 70 Techno Schleuder

RESTAURANTS:
- 71 Dino Grill
- Eis Box

**SHOPS:**
- 72 Schnäppchenmarkt

**SHOWS:**
- 73 LEGO® Studios

## IMAGINATION

- 41 Tret-o-Mobil
- 42 Bau- und Test Center sowie Modelle für zu Hause
- 43 DUPLO® Express
- 44 DUPLO® Spielplatz
- 45 DUPLO® Wasserspaß
- 46 Aussichtsturm
- 47 Kids Power Tower
- 48 Galerie der Fußballstars
- 49 HIPP Baby Service

ıaus
z

mit
op

# Inhalt

# Das MINILAND

## Hier staunst du Bauklötze

Unser Rundgang beginnt im MINILAND, dem Herzstück von LEGOLAND Deutschland. Wisst ihr, warum eure Eltern so gerne mit euch in diesen Park kommen? Weil sie auch so viel Spaß an den faszinierenden Modellen haben. Es ist eine richtige kleine Welt mit stilecht nachgebauten Wahrzeichen, Gebäuden, Schiffen und Flugzeugen. Auf den zweiten Blick entdeckt ihr hier aber auch viele amüsante und liebevolle Details. Abends gehen sogar die Lichter an.

Flughafen München mit startenden Flugzeugen und Airbus A380

Berlin mit Alexanderplatz, Berliner Dom, Unter den Linden, Reichstag und Brandenburger Tor

Venedig mit Rialtobrücke, Markusplatz, Burano und Lido

Viele Details, wie diese Sonnenterrasse, entdeckt man erst auf den zweiten Blick.

Diesen Zug kannst du auf seiner Reise durch das MINILAND begleiten.

Schwäbische Dorflandschaft mit der Wallfahrtskirche Maria Vesperbild

Hamburger Hafen mit St. Pauli Landungsbrücken, Schiffen und Rummelplatz

Amsterdam mit regem Bootsverkehr

Allianz™ Arena mit echten LEGO® Fans

# Wie entsteht ein MINILAND Modell?

## Eine Arena für LEGO® Fans

Die Modelldesigner brauchen zunächst Fotos von allen Seiten des Gebäudes, sowie den Grundriss. Dann entwerfen sie mit Hilfe von Modulpapier eine Gesamtzeichnung und verschiedene Detailzeichnungen. Im nächsten Schritt kalkulieren sie, welche und wie viele Steine benötigt werden. Um die im Freien stehenden Modelle vor Sturm, Sonne, Kälte und Regen zu schützen, werden die Steine verklebt und erhalten einen UV-undurchlässigen Speziallack.

## Wie die Allianz™ Arena an ihren Platz kam

Die Allianz Arena wurde in einer großen Halle außerhalb des Parks gebaut. Mit ihren stattlichen Maßen von 5 x 4,50 Metern Breite und 1 Meter Höhe passte das Modell nicht durch das Tor der Halle. Was nicht passt, wird passend gemacht, und somit die Hallenwand neben dem Tor aufgeschnitten. So konnte die Arena, die immerhin 1,5 Tonnen wiegt, an einem Kran hängend ins MINILAND transportiert werden. Tribünen mit über 30000 Mini LEGO Fußballfans folgten etwas später.

# Wie kommen die LEGO® Fans ins Stadion?

Allianz™ Arena

Glückliche Dauerkartenbesitzer warten nur darauf, in der Arena Platz zu nehmen.

Mit großer Sorgfalt wird jedem LEGO® Fan sein Platz zugewiesen.

Nach und nach muss jede bestückte Tribüne einzeln eingebaut werden.

Auch LEGO Fans wollen versorgt werden! Das Modell bietet einen Einblick in Restaurants, die Küchen und viele andere Räume.

# Das Reichstagsgebäude
## Geschichte mühsam nachgebaut

Im MINILAND stehen ca. 40 Wahrzeichen aus verschiedenen Städten Europas. Eines davon ist das Berliner Reichstagsgebäude, das ihr sicher kennt, denn dort sitzt ja unsere Regierung.
Die Kuppel wurde am Ende des Zweiten Weltkrieges gesprengt. Nach der Wiedervereinigung beschloss der Deutsche Bundestag, das Gebäude wieder als Parlament zu nutzen.
Den Auftrag zur Renovierung und zur Gestaltung eines modernen Parlamentes erhielt der Londoner Architekt Sir Norman Foster. Wenn ihr mal in Berlin seid, könnt ihr in der neuen Glaskuppel über den spiralförmigen Gang nach oben gehen. Dort hat man eine herrliche Aussicht auf die Stadt.
Seit 1999 ist das Reichstagsgebäude Sitz des Deutschen Bundestages.

Das Reichstagsgebäude wurde 1884–94 erbaut und hundert Jahre später renoviert.

ca. 700 Teile nur für das Türmchen

Kuppel und Fernsehturm im MINILAND und im Original in Berlin

Das Portal-Relief im Juni 1922 im Original und im Modell.

Für den Bau brauchten die LEGO® Modellbauer insgesamt 1858 Arbeitsstunden. Das ergibt bei einem 8-Stundentag fast ein ganzes Jahr. In dieser Zeit müssen die Modellbauer trotzdem sehr schnell gearbeitet haben, denn im Reichstag stecken insgesamt 1069937 LEGO Steine. Pro Minute wurden also im Durchschnitt neun bis zehn Steine zusammengesteckt.

Das Reichstagsmodell im MINILAND wiegt eine Tonne und belegt eine Fläche von 12 m². Es wurde in mehreren Teilen im dänischen Billund aufgebaut und anschließend nach Günzburg transportiert.

# Muntere Mini-Männchen

## Vom Pinguin zum Rocker

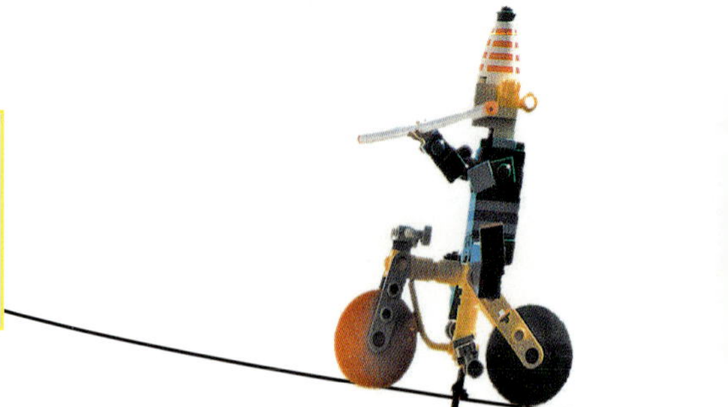

Clown-Artisten in Venedig

Wenn ihr nach dem Betrachten der spektakulären MINILAND Gebäude nicht sofort zur nächsten Achterbahn stürmt, entdeckt ihr sie spätestens jetzt: liebevolle und witzige Szenen, die sich an jeder Ecke abspielen. Darsteller sind ca. 10 cm kleine Männchen (und natürlich auch Weibchen), die, wie die Gebäude auch, im Maßstab 1:20 ausschließlich aus handelsüblichen LEGO® Steinen hergestellt sind. Liebespaare, Touristen, Handwerker, Sportler, Raver – alle spielen sie ihre Rolle in dieser kleinen Welt. Manche der Szenen sind sogar animiert. Per Knopfdruck oder Joystick könnt ihr allerlei lustige Aktionen in Gang setzen. Übrigens: Keiner der verwendeten Steine ist speziell für die Konstruktion von Männchen konzipiert.

Viele Besucher würden gerne mit diesen badenden LEGO Figuren tauschen.

Oldtimerparade vor dem Rathaus in Frankfurt

Heimliche Begegnung der zärtlichen Art

Kinderspielplatz Kohlenhalde

Eine Riksche für die verstopften Berliner Straßen

Eine der beliebtesten Szenen im MINILAND ist die Love Parade, hier ausnahmsweise vor dem Reichstagsgebäude. Auf Knopfdruck beginnt eine Gruppe zu raven und der passende Techno-Beat kommt aus den Boxen der Straßenbühne.

Straßenmusikant

Raver in Aktion

Ein Marionettenspieler vor der Gedächtniskirche. Die Marionette ist wohl das kleinste Männchen aus LEGO® Steinen.

Pinguine und Seehunde im Berliner Tiergarten

„Kunstliebhaber“ beim Fensterln am Museum

# Steinreiche Städte

## Von der Ostsee bis in die Alpen

Was kommt heraus, wenn bis zu 140 Modelldesigner drei Jahre lang mit 1200 verschiedenen LEGO Steinen kreativ sein dürfen? Ein neues MINILAND natürlich! Rund 25 Millionen dieser Steine stecken – im wahrsten Sinne des Wortes – im MINILAND.
Gemogelt wird nicht, es sind alles handelsübliche Steine. Der normale 8-Noppen-Stein bringt ziemlich genau 3,5 Gramm auf die Waage. Aber die Designer brauchen meistens auch sehr viele von den kleineren Steinen, so dass das Durchschnittsgewicht bei etwa einem Gramm liegt. Allein das MINILAND wiegt also rund 25 Tonnen. Und damit es euch vor lauter Steinen nicht zu trocken wird: Zwei Millionen Liter Wasser fließen in den Kanälen, Grachten und Hafenbecken. Im LEGOLAND® Deutschland gibt es deshalb sogar ein eigenes Wasseraufbereitungswerk.

Das Brandenburger Tor ist mit 128 Kilo ein relativ leichtes Modell. Für die 128700 Steine brauchten die Modelldesigner 390 Stunden zum Planen und Zusammenstecken inklusive einiger Nachtschichten. Das ehemalige Stadttor ist im Original 20 m hoch und 65 m breit.

Die Cap San Diego im Hamburger Hafen wurde aus 92400 LEGO® Steinen gebaut und wiegt 105 Kilo.

Der Messeturm in Frankfurt gehört mit einer Höhe von 257 Metern zu den höchsten Bürohäusern Deutschlands. Für die Modelle der Frankfurter Skyline wurde ein anderer Maßstab gewählt, denn bei 1:20 wäre der Messeturm sonst 12,80 m hoch geworden statt der jetzigen 4 m. Immerhin verbrauchte er trotzdem noch 925000 Steine.

Doch nicht jeder Stein im MINILAND ist ein LEGO® Stein. Was wäre die Schweiz ohne Berge? Also erhebt sich hier, modelliert aus Spritzbeton, ein felsiger Aussichtsberg. Es ist das Schilthorn, das eigentlich nicht direkt hinter Luzern, sondern im Berner Oberland liegt. Das Drehlokal auf dem Gipfel „Piz Gloria“ war die weltbekannte Kulisse zu dem James-Bond-Film „Im Geheimdienst Ihrer Majestät“ mit George Lazenby.

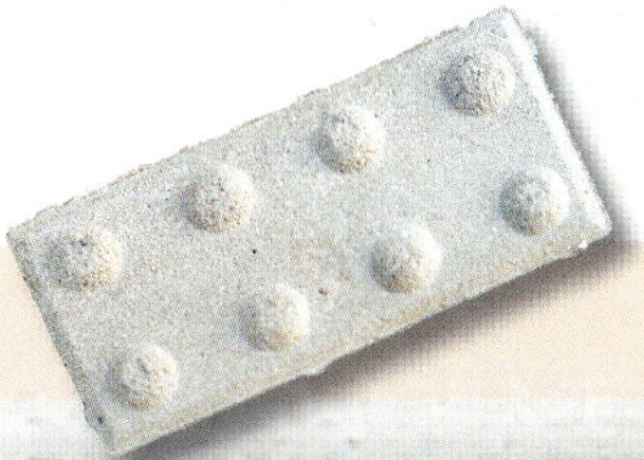

Ebenfalls aus Beton sind die Pflastersteine an den Bahnübergängen. Auch sie haben acht „Noppen“.

Eines der beeindruckendsten Gebäude im MINILAND: Schloss Neuschwanstein

# Kreatives Schreiben

## Wenn Steine schreiben lernen

Vielleicht habt ihr schon einmal festgestellt, dass es ganz schön schwierig ist, mit LEGO® Steinen Schriften zu bauen. Aber die LEGO Designer kennen einige Tricks, die ihr euch im MINILAND abschauen könnt.

Viele Gebäude und Firmenfahrzeuge sind beschriftet, teilweise mit witzigen Anspielungen. So heißt z. B. die Kohlenhandlung „Schwarz und Sauber KG“.

Firmen-Logos und Symbole werden in der gleichen Technik zusammengesteckt.

In der Ritterburg gibt es eines der wenigen Modelle mit Schrift in Draufsicht. Spezielles Modulpapier für Grundrisse mit quadratischen Kästchen im Format 8 x 8 mm hilft bei der Planung.

Für das Design von komplizierten Schriften ist dagegen das „Modulpapier für Seitenansicht“ erforderlich. Jedes Feld ist so groß wie ein kleiner flacher Stein, 3 x 8 mm. Ein Deckstein und fünf quer gestellte Zweiknopfsteine sind so hoch und so breit wie zwei LEGO Steine. Mit diesem Trick werden viele Schriften gebaut.

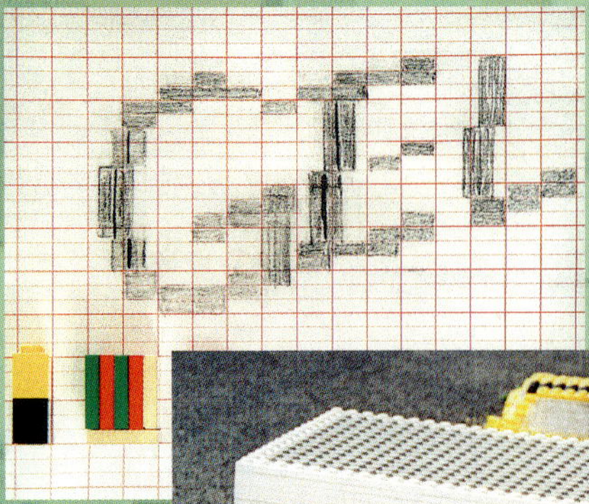


Geschwungene Schriften verlangen viel Kreativität.

Liebevoll gestaltete Schausteller-Logos auf dem Rummelplatz in Hamburg.

Ein kleiner Gruß an die Heimat der LEGO® Company.

Mit hinterleuchteten Glasbausteinen könnt ihr schöne Effekte erzielen.

Die Schriftentechnik wird auch für Mosaike verwendet.

Der 3D-Effekt, gebaut mit Abschluss-Steinen ohne Noppen. Die Buchstaben können in der Tiefe variiert werden.

In der seitlichen Ansicht erkennt ihr die Bauweise.

Hoppla – sogar die Biergläser sind aus LEGO® Steinen. Auch hier werden quer gestellte Decksteine verwendet, um Vielfalt in der Typografie zu erreichen.

Auch alte Schriften sind kein unlösbares Problem.

# Und Action!

## Modelle in Bewegung

Das MINILAND steckt voller Technik. Hier seht ihr Autos und Flugzeuge, die einer unsichtbaren Leitspur folgen. Eisenbahnen und Schiffe drehen ihre Runden. Musik und Stimmen ertönen aus versteckten Lautsprechern, und die Häuser, Straßen und Rollfelder sind abends beleuchtet. 30 000 m Kabel für Strom und Signalimpulse waren dafür notwendig. Licht wird über Glasfaser transportiert. Im Flughafen gibt es z. B. 1 200 Lichter am Ende von insgesamt 6 000 m Glasfaserleitungen. Straßenlaternen und beleuchtete Häuser zaubern auf diese Weise abends ein stimmungsvolles Bild.

Die Schiffe in den Kanälen werden von einem Gummiseil gezogen, das über Rollen geführt wird.

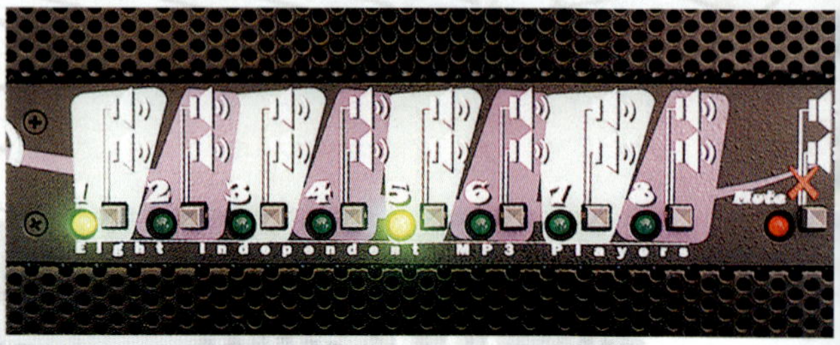


Unzählige MP3-Player geben die Tonsignale für den ganzen Park.

Kleine Ursache, große Wirkung: Ab und zu bekommt ein Sensor ein falsches Signal und schon steht der ganze Flughafenbetrieb still.

In vier Monaten hat Bernd den „Riesen-Airbus" gebaut. Jetzt endlich kann er ihn draußen aufstellen. In dem Modell der A380 stecken 16 380 Steine und es wiegt fast 15 Kilo. Auf Knopfdruck fährt der Airbus aus seinem Hangar.

Üblicher Scherz von den Designer-Kollegen. Oft findet man die Namen von LEGOLAND® Mitarbeitern an Fassaden oder Autos.

Sogar dem entlaufenen Kamel wird ausgewichen, denn die Autos folgen einer unsichtbaren Leitlinie: Im Straßenbelag liegt leicht versetzt zur Route eine Leitung, in der ein hochfrequenter Strom fließt. Ein Sensor im Auto erfasst das elektromagnetische Feld und hält einen justierbaren Abstand ein.

In bestimmten Abständen sind in der Straße zwei Kontakte eingebaut. Auch unter den Autos gibt es zwei Kontaktflächen. Berühren diese Kontaktflächen die Drähte auf der Straße, hält das Auto an. Die Akkus werden kurz aufgeladen und der Leitcomputer erhält ein Signal, dass das Fahrzeug ordnungsgemäß angekommen ist. In diesem Fall geht es nach kurzer Zeit weiter, anderenfalls wird dieser Kreislauf stillgelegt und die Leitstelle erhält sofort eine Fehlermeldung.

Solche Kontaktstellen gibt es auch auf der Fähre. Deswegen hat das Schiff auch eine Verkabelung unter Wasser.

Das ist Commander X von der Teststrecke bzw. sein Ebenbild in der Modellwerkstatt. Er zeigt und erklärt euch detailliert sein ganzes bewegtes Innenleben. Sogar die Augenbrauen aus LEGO® Steinen kann er heben. Viele Bewegungen werden pneumatisch, d. h. mit Luftdruck realisiert.

Eine zentrale Lampe gibt ihr Licht mittels Glasfiberleitungen an viele Endpunkte. Jedes Fenster ist somit beleuchtet.

# Und wenn was kaputtgeht?

## Steine wie Sand am Meer

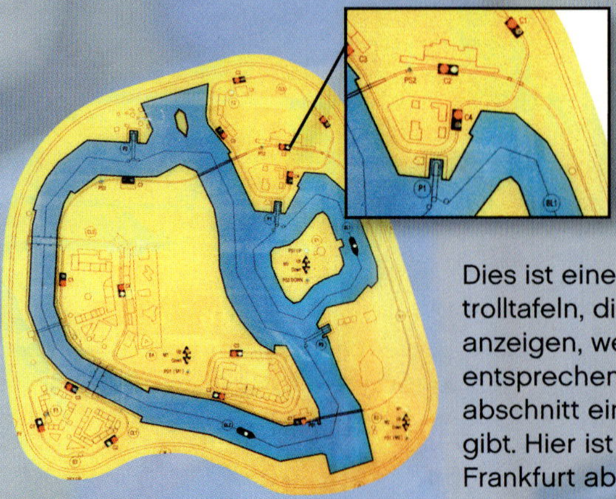

Dies ist eine der Kontrolltafeln, die sofort anzeigen, wenn es im entsprechenden Parkabschnitt ein Problem gibt. Hier ist die von Frankfurt abgebildet.

Starthilfe: Damit der Transrapid wieder fährt, muss Stefan ihn kurz anschieben.

Jeden Morgen gegen 8 Uhr erwacht der Park. Mit kleinen Straßenkehrmaschinen rückt die Putzkolonne an, gefolgt von den Modelldesignern und Technikern. Zwar hält sich Vandalismus in Grenzen, aber Verschleiß, Zufälle oder Unachtsamkeit machen kleine Reparaturen notwendig. Gelegentlich entstehen auch Wetterschäden. Doch nur in der kurzen Winterpause von Mitte Januar bis Mitte März werden die Modelle gesichert: Die großen animierten Figuren werden abgebaut, in eine Lagerhalle gebracht und dort generalüberholt. Einige MINILAND Modelle mit vielen Detailstrukturen werden in Folie gewickelt. Gereinigt wird im Frühjahr dann mit einer Handspritzpumpe oder mit einem Pinsel.

Kurz vor der Eröffnung: Modelldesignerin Roswitha befestigt die letzten Teile, damit der Münchner Flughafen rechtzeitig fertig wird.

Ein Schiff hat sich aus der Verankerung gerissen. Unter dem Dach eines Hafengebäudes ist die Steuerung versteckt.

Zur Reparatur braucht der Techniker hohe Gummistiefel, genauso wie dieser Angler in der Nähe.

Für die Modelldesigner Vera und Ilja hatten die dänischen Kollegen ein Überraschungspaket geschickt.

1200 verschiedene LEGO Steine gibt es (unterschiedliche Farben nicht eingerechnet). In Billund steht eine Regalwand, auf der man alle Steine und Bauteile überblicken kann.

# Schwäbisches Umland
## Alles außer LEGO® Spätzle

Vor dem Bildnis der Maria mit Jesus nach der Kreuzabnahme beteten die Mönche früher zur Vesperstunde, d. h. um 18 Uhr. Daraus entstand der Name Maria Vesperbild. Die zu dieser Stunde eingenommene Abendmahlzeit heißt vielerorts heute noch „Vesper".

Die LEGOLAND® Planer berücksichtigen bei ihrer Arbeit Landschaft, Kultur, Bauwerke und Wahrzeichen des Gastlandes. Schließlich wollt ihr in den Modellen Bekanntes entdecken! Als Nachbarschaftsgruß wollte man auch ein Wahrzeichen aus dem schwäbischen Umland bauen.
In Frage kamen das Augsburger Rathaus, das Ulmer Münster und die Wallfahrtskirche Maria Vesperbild, die auf Grund einer Umfrage schließlich ausgewählt wurde.

Ihr könnt euch vorstellen, dass Kirchen im Vergleich zu einfachen Häusern schwerer zu bauen sind. Sie haben mehr Verzierungen und Rundungen. Es gehört viel Kreativität und Vorstellungsvermögen dazu, diese Details wirklichkeitsgetreu nachzubilden.

Maria Vesperbild ist auch im Original eine beliebte Hochzeitskirche.

Die LEGOLAND Nachbarschaft: landwirtschaftlich geprägte Dorfidylle, Viehwirtschaft und Molkerei. Die schmucken Häuser sind auf der Rückseite offen und wie Puppenhäuser eingerichtet.

Auf Knopfdruck muhen die Kühe im Stall im Takt zu „Old McDonald had a farm".

Schwäbische Puppenstubenidylle:
Die Mutter bringt dem Baby die Milch.

Währenddessen müssen Vater und Hund dafür sorgen, dass das Wohnzimmer sauber gemacht wird.

Die Wallfahrtskirche liegt in Ziemetshausen, einem Ort auf halbem Weg zwischen LEGOLAND® und Augsburg. 400 000 Pilger kommen jährlich hierher.

Monsignore Imkamp kam aus seiner Kirche und segnete das neue Wahrzeichen aus LEGO® Steinen. Während der Bauphase bestand im Park strikte Helmpflicht. Die Ausnahmegenehmigung kam wohl von ganz oben.

# Kleine Kunstwerke

## Symbole aus „Stein“

Aufbau Ost: Auf jedem Pfeiler dieser Brücke in Berlin steht ein Kunstwerk. Später werden hier Ausflugsboote unter der Brücke durchfahren.

Beim Bau von Statuen stoßen die Designer fast an ihre Grenzen, doch auch hier scheint nichts unmöglich. Und wenn die Denkmäler und Brunnen weltberühmt sind, wird der Ehrgeiz erst richtig angestachelt. Häufig helfen kleine Bausteine aus der LEGO® TECHNIC Reihe und flache Grundsteine weiter.

Am besten dreht ihr im MINILAND eine Extrarunde, um die vielen kleinen Kunstwerke zu besichtigen. Luzern, Venedig und Berlin erweisen sich dabei als wahre Schatzkammern. Ihr solltet dabei vor allem auf die Mosaike an den Fassaden achten.

Das eiserne Männli an einem der Musegg-Türme, Teil der Stadtmauer von Luzern.

Vera wirft einen letzten prüfenden Blick auf die Berliner Siegessäule. Zur Kontrolle stehen ihr Fotos und genaue Zeichnungen zur Verfügung.

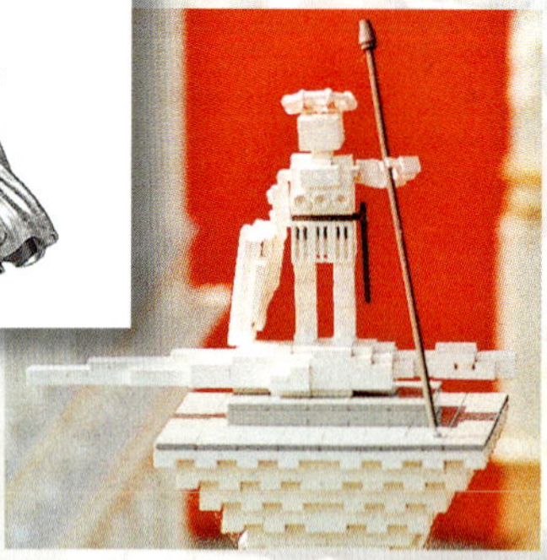

Zu Venedig gehören auch die Säulen mit St. Theodor und dem geflügelten Markuslöwen sowie die Glockenschläger auf dem Uhrenturm.

Brunnen mit Trachtengruppe in Luzern

Der Markusplatz mit Campanile und Dogenpalast. Ein Gesamtkunstwerk und zu allen Zeiten gerne abgebildet: 2002 von den LEGO® Designern und 1740 von Canaletto (der Name deutet an, dass auf allen seinen Bildern die Kanäle zu sehen sind).

Junge Fußball-Fans feiern ihre Helden Ballack, Kahn und viele mehr in der „Galerie der Fußballstars".

Hier hat sich für die LEGO Modelldesigner alles um das Thema Fußball gedreht. Sie durften Nasen und Ohren der größten Fußball-Stars vermessen und Haarfarben abgleichen. Etwa 120 Arbeitsstunden und viel Fingerspitzengefühl brauchen die Modelldesigner, um einen Kopf so originalgetreu wie möglich nachzubauen. Als Vorlage dienten ihnen dabei Bilder aus allen erdenklichen Perspektiven. Die Designer begannen mit dem Bau der Augenpartie. Erst als diese stimmig aussah und das Wesen getroffen wurde, entstanden die anderen markanten Gesichtszüge wie Nase, Stirn und Kopfform. Rund 3500 LEGO Steine stecken in einem solchen LEGO Kopf mit angedeutetem Oberkörper. Zu bewundern sind die LEGO Fußballer in der Galerie der Fußballstars.

Berliner Siegessäule

# Es grünt so grün ...

## ... wenn LEGO® grüne Noppen blühn

Bei unserem Rundgang wird euch auffallen, dass sich die Themenbereiche im LEGOLAND® auch durch ihre jeweilige Bepflanzung unterscheiden. Durch die Art der Gebäude, des Bodenbelages und durch die Pflanzen bekommen sie ihre eigene Atmosphäre. Einen besonderen Reiz üben z. B. die „Zwergpflanzen" im MINILAND aus; hier ist die Vegetation dem Maßstab 1:20 angepasst. Um den richtigen Eindruck zu vermitteln, werden kleine Bäumchen wie Stechpalmen, koreanische Hainbuchen, Schlehen und Korkenzieherlärchen ständig beschnitten. Dabei sind für die einzelnen Landschaften wiederum Pflanzen ausgewählt worden, die zur jeweiligen Region passen. Doch aufgepasst: Auch LEGO® kann grün sein.

Mehrere Gärtner sorgen täglich dafür, dass die Pflanzen nicht in den Himmel wachsen und die Kieswege der Modell-Landschaften nicht verkrauten. LEGO Gärtner helfen ihnen.

Bergwald im Berner Oberland: Zuckerhutfichten und verschiedene Sedum-Arten

Die „Weinberge" im Rhein-Moselgebiet sind mit einer kleinwüchsigen und langsam wachsenden Mistelsorte bepflanzt.

Durch die Bepflanzung wirken die Modelle noch echter und die Städte noch charmanter.

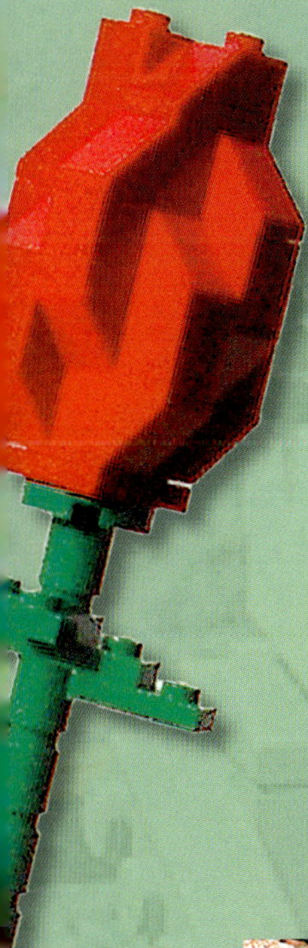

Rosen für die Damen: Überraschungspräsent am Eröffnungstag

Ein kleiner Park in Venedig. Zwergkiefern, Buchs und japanischer Ahorn bilden die Baumkulisse.

Spätestens alle vier Wochen werden ca. 600 Bäumchen mit einer Bonsai-Schere beschnitten.

Baumaterial für LEGO Grün und Blüten

So baut man Efeu, Kletterrosen und Balkonblumen.

Durch „Drahten" werden manche Bäume in die gewünschte Form gebracht.

Sieht aus wie eine Blumenwiese: das Sternmoos

# MINILAND bei Nacht

**An einigen Sommerabenden könnt ihr LEGOLAND® Deutschland in nächtlichem Glanz erleben. Lichtshow und Feuerwerk geben dem MINILAND ein ganz besonderes Flair.**

LEGOLAND BEI NACHT

# LEGO® CITY

## Großstadtflair im Kleinformat

Auf unserem Rundgang ist LEGO® CITY der nächste Themenbereich nach dem MINILAND. Hier erwarten dich viele Attraktionen wie eine Hafenrundfahrt, die LEGO Fabrik, die Fahrschule, der Spielplatz und die Werft. Wie in großen Städten, die nur wenig Platz für Bepflanzung haben, stehen auch hier alle Pflanzen in Kübeln. Überall in der City trefft ihr die LEGO Freunde – 80 cm hohe Figuren aus LEGO Steinen, die allerhand Arbeiten verrichten, z. B. im Restaurant oder beim Straßenbau.

Für Hobbypiloten warten startbereite Maschinen am Flughafen.

Einzigartig im LEGOLAND: der BIONICLE® Power Builder

Besonders beliebt ist die LEGOLAND® Fahrschule. Schließlich könnt ihr hier den LEGOLAND Führerschein machen!

Augen auf bei der Hafenrundfahrt: Es gibt viel zu entdecken. Die Elektroboote dürft ihr selbst steuern.

Einmal durch den Park geht es mit dem LEGOLAND Express.

# Mein erster Führerschein

## Jetzt kann so richtig Vollgas gegeben werden!

Genau wie das kleine Modell sehen auch die großen Fahrschulautos aus

Die LEGOLAND® Fahrschule ist eine der Attraktionen im Park, die nicht nur Unterhaltung bieten sollen. Es gehört nämlich zur LEGO® Philosophie, dass Lernen auch Spaß machen kann. Das Konzept wurde in Zusammenarbeit mit der Polizei Schwaben erarbeitet und dient als Ergänzung zum Verkehrsunterricht an den Schulen. Im Schulungsraum bekommen die jungen Fahrschüler erst einmal einen digitalen Trickfilm zu sehen, der eigens für LEGOLAND Deutschland entwickelt worden ist. Animierte LEGO Männchen zeigen das richtige Verhalten im Straßenverkehr. Der Film hat bereits den Animago-Preis für lehrreiche Trickfilme bekommen.

Chefdesigner für die Attraktionen ist Justin.
Die Fahrschulautos wurden am Computer entwickelt.

Alle Kinder zwischen 7 und 13 Jahren können in der LEGOLAND Fahrschule ihren Führerschein machen. Für jüngere Kinder gibt es die Junior Fahrschule gegenüber.

Blinker hat das Fahrschulauto nicht – da heißt es: Arm raus!

# Mein erster Führerschein

Endlich geschafft: Stolz wird der LEGOLAND® Führerschein präsentiert. Hier und da musste die Fahrlehrerin aber noch ein Auge zudrücken.

Auch hier gelten Vorschriften, die man beachten muss. So kommt es hin und wieder mal vor, dass man im Stau steht und warten muss, bis man an der Reihe ist.

Und das ist er! So sieht der Führerschein aus, den auch du schon bald in den Händen halten kannst.

Zur Ausbildung gehört natürlich auch eine Fahrt durch die Waschstraße.

# BIONICLE® Power Builder

## Hier spürst du die Kraft der Maschinen

In einer riesigen Halle, die einer mystischen Minenwelt nachempfunden ist, stehen zehn Roboterarme. Mit ihren sechs Gelenken können sie verschiedenste Dreh- und Schwenkbewegungen ausführen. Insgesamt sind 70 Bewegungen auf fünf Schwierigkeitsgraden möglich, das bedeutet 1,4 Milliarden Kombinationsmöglichkeiten. Kein Fahrerlebnis ist wie das andere. Hersteller dieser Roboter ist die Augsburger Firma KUKA. Der Power Builder im LEGOLAND® in Billund wurde 2003 als „Best Product of New Technology" ausgezeichnet.

An acht Programmierstationen (Touch Screens) stellt ihr euch euer individuelles Abenteuer zusammen. Zuerst wählt ihr aus fünf Stufen Dynamik und Geschwindigkeit der Bewegungen aus, dann Art und Kombination des Drehens und Schwenkens.

Dann geht's los: rückwärts nach oben, auf den Rücken gelegt, in Spiralen gedreht und wie auf Wellen bewegt. Kippen, ruckeln und plötzlich stoppen – alles ist programmierbar.

Vom leichten Kribbeln im Bauch bis hin zum Raketenerlebnis oder sogar zur kurzzeitigen Schwerelosigkeit ist alles möglich.

Tahu Nuva von den Toa Nuvas

BIONICLE® ist das erfolgreichste Produkt der LEGO® Group und erzählt die Geschichte vom spannenden Kampf zwischen Gut und Böse in einer Fantasiewelt. Für die neue Fahrattraktion wurde die mystische Welt der TOA geschaffen. Auf der Suche nach lebenswichtigen Lichtsteinen haben die TOA eine stillgelegte Mine in der LEGO® CITY reaktiviert. Die Gäste sitzen in riesigen, schaufelartigen Roboterarmen und helfen den Robotern damit scheinbar beim Abbau der Lichtsteine im Inneren der tiefen Schächte und Stollen.

# LEGO® Fabrik

In der LEGO® Fabrik könnt ihr weltweit zum ersten Mal zuschauen, wie LEGO Steine hergestellt werden. Auch hier liegt die LEGO Edutainment-Philosophie zu Grunde: Lernen mit Spaß und allen fünf Sinnen. Edutainment ist ein neues Wort, das aus Education (Erziehung) und Entertainment (Unterhaltung) zusammengesetzt ist.

Der Rundgang in der Fabrik beginnt mit einem Trickfilm: Ein LEGO® Männchen versucht die Produktion zu retten.

Autsch, jetzt ist es in die Spritzgussmaschine geraten.

Der Stein wird mit einer Art Stempel bedruckt. Nach Weiß ist nun Gelb dran.

Das farbige Granulat wird aus den Silos in die Spritzgussmaschine geleitet und anschließend bedruckt. Jeder Arbeitsschritt kann beobachtet werden.

FABRIK VERKAUF EINZELTEILE

# LEGO® Shop

Wer möchte, kann anschließend im Shop einkaufen gehen. Hier gibt es alle Steine in riesigen Mengen.

Hunderte von verschiedenen LEGO® Steinen werden angeboten. Auch ganz seltene Steine sind dabei.

Mehrstöckige Hochregallager garantieren ständigen Nachschub.

# KNIGHTS' KINGDOM™

## In Merlins Zauberreich

Kaum haben wir LEGO® CITY auf unserem Rundgang verlassen, betreten wir eine andere Welt: Krumme Kiefern, Korkenzieherhaselsträucher, Essigbäume und Steinbuchen bilden einen Zauberwald rund um die Ritterburg und schaffen zusammen mit den Minnegesängen eine mittelalterliche Stimmung.
Heulen da nicht Wölfe? Zum Glück sind sie aus LEGO Steinen, ebenso wie die anderen Waldtiere. Um die prächtige Burg scharen sich Ritter, Handwerker und Tagediebe.

Der Biber begrüßt die ankommenden Gäste in seinem Reich.

Der listige Fuchs lauert im Wald.

Die massive Ritterburg lädt euch zu einer Zeitreise ins Mittelalter ein.

Der Schmied stellt Schwerter für die Ritter her.

Kleine und große Goldwäscher werden hier bestimmt fündig. Das Katzengold (Pyrit) leuchtet in der Sonne; schnell zum Wiegen damit!

Wer nimmt es mit mir auf? Beim Ritterturnier könnt ihr mich herausfordern.

Jeder Stein dieser Burg ist individuell gestaltet: Auf das Stahlgerüst wurden zunächst Platten und darauf Spritzbeton aufgetragen. Anschließend wurden die Konturen mit Spachteln herausgearbeitet.

Achterbahnvergnügen für Groß und Klein: die Drachenjagd

# In der Höhle des Feuerdrachen

## Eine Reise ins sagenumwobene Mittelalter

Schon der Weg über den Burghof und der Aufgang zur Achterbahn lässt euch die schaurigen Ereignisse ahnen. Denn dieses Fahrgeschäft ist gleichzeitig auch eine Themenbahn: Der erste Teil der Fahrt führt noch mit mäßigem Tempo durch die Gemächer der Burgbewohner. Alles ist natürlich aus LEGO®, logo! Doch sobald der Feuerdrache die Eindringlinge bemerkt, geht die Fahrt erst richtig los …
Begeben wir uns also auf die Reise ins Mittelalter.

1 Aufgepasst! Wer nun weitergeht, tritt direkt in das Reich des Drachen ein. Nur wer wirklich mutig ist, sollte durch das Tor treten.

Wertvolle Wandteppiche zieren die Eingangshalle der Burg.

**2** Dem mächtigen Zauberer Merlin war es einst gelungen, den Drachen zu bannen. Seitdem muss der Drache den Schatz des Königs bewachen.

Der Schild des tapferen Ritters Leo von LEGOLAND®

**3** Ritter und Hofnarr scheinen sich an die Gefahr gewöhnt zu haben und feiern ausschweifende Feste. Doch aus der Tiefe hört man schon das Grollen des Drachen.

**4** Als wir näher kommen, faucht der böse Drache uns an und spuckt Feuer. Schnell taucht der Glücksdrache der Drachenbahn unter ihm durch und eine rasante Fahrt in schwindelerregende Höhe beginnt. Der Glücksdrache schafft 8 Meter pro Sekunde.

# IMAGINATION

## Bunte Welt zum Mitmachen

Im Bereich IMAGINATION ist es ganz besonders bunt. Die Gebäude sind in verschiedenen Farben angemalt. Die Pflanzen haben geometrische Formen wie Kugeln oder Pyramiden. Hier ist aktives Mitmachen angesagt. Ob ihr euch auf dem Spielplatz tummelt, den Kids Power Tower hochzieht, Tret-o-Mobil fahrt oder eure Modelle testet, immer gilt:
hands on – minds on, greifen und begreifen.

Vom Tret-o-Mobil aus habt ihr einen guten Blick auf das MINILAND.

Damit niemand eine der beiden spannenden Shows verpasst, sind zwei Mitarbeiter unüberhörbar mit Klingeln unterwegs und erinnern an die Aufführungszeiten.

Das beliebteste Fotomotiv für Eltern: Die Kinder schauen aus dem Löwenmaul. Übrigens: Die Mähne des Löwen besteht aus LEGO® Äffchen.

Herumtoben oder mit DUPLO® spielen. Dieser Spielplatz ist das Richtige zum Austoben, denn der Boden ist aus einer speziellen bunten Gummimasse.

Tummelplatz für alle Wasserratten ist der DUPLO® Wasserspaß. Erfrischt geht es weiter durch den Park.

Kids Power Tower. Nicht nur Kraft ist beim Hochziehen gefragt: Wer den Trick bemerkt, hat es leichter.

# Abenteuer hautnah erleben

## Spannung im Reich der Mumien und Piraten

Es gibt zwei Showbühnen im LEGOLAND® Deutschland: das Affentheater mit ca. 250 Sitzplätzen und die LEGO® Arena mit 800 Plätzen, denn bunte Shows gehören einfach zu einem LEGOLAND dazu! Mehrmals täglich werden auf beiden Bühnen die interaktiven Live-Shows gespielt – und das Publikum wird gerne aktiv miteinbezogen. Witzig und charmant, spannend und artistisch – die Shows sind ein Spaß für die ganze Familie. Beide Showbühnen werden auch für Lesungen, Konzerte und andere Sonderveranstaltungen genutzt.

### Johnny Thunder und die Krone des Pharaos

Auf seiner Suche nach der Krone des Pharaos gerät der mutige Johnny Thunder in ein spannendes Abenteuer, das ihn direkt ins alte Ägypten führt. Doch sein Gegenspieler, der hinterhältige Dr. Sinclair, will ebenfalls die Krone finden und versucht alles, um Johnny aufzuhalten.

**Die Piraten sind los und haben die LEGO® Arena geentert!**

## Käpten Pepper und die magische Schatzinsel

Ein Pirat hat es nicht immer leicht und Schatzsuchen sind ganz schön anstrengend. Und dann stranden Käpten Pepper und sein Kamerad Salt auch noch auf einer einsamen Insel ...

## Käpten Rotbarts letzte Fahrt

Auch Käpten Rotbart kämpft mit den Tücken des Piratenlebens und so entwickelt sich seine Reise ins LEGOLAND® unerwartet zu einem Riesenabenteuer. Auf der Suche nach einem geheimnisvollen Schatz widerfahren ihm Dinge, von denen er nicht einmal zu träumen wagte.

# Teste deine LEGO® Modelle

## Wer baut das schnellste und stabilste Modell?

Das Bau- und Testcenter ist im LEGOLAND® ein weiterer Bereich, bei dem Spielen und Lernen Hand in Hand gehen, denn hier könnt ihr eure eigenen Modelle systematisch testen. Wird das Auto schneller, wenn man größere Räder nimmt? Was passiert, wenn man das Auto schwerer oder leichter macht?
Wer will, kann aber auch einen Turm bauen und testen, ob er erdbebenfest ist.

Schulklassen können hier auch unter Anleitung in speziellen Workshops arbeiten. Die Ideen dazu werden in Zusammenarbeit mit Lehrern, Eltern und Schülern erarbeitet. Aber allein oder mit Freunden geht's natürlich auch. Mit Knöpfchen und Köpfchen, Lernen durch Begreifen. Typisch LEGO®!

Wieder etwas gelernt: Ein breites Fundament hält beim Erdbebentest besser. Mit dem Drehknopf kann man die Erdbebenstärke einstellen.

Der Start wird elektronisch gesteuert, die Zeit wird gemessen und angezeigt. Nach dem Countdown heißt es: „Go LEGO, go!“

Hier schlagen die Herzen aller Baumeister höher. Unzählige LEGO® Steine laden zum Bauen, Konstruieren und Ausprobieren ein.

Welches Modell fährt wohl am schnellsten die Rampe herunter? Diese Fahrzeuge wurden von Kindern gebaut. Weil sie so interessant aussehen, sind sie im Bau- und Testcenter ausgestellt.

Geschick und Fantasie sind gefragt, wenn es darum geht, sein eigenes Auto aus den vielen verschiedenen Teilen zusammenzubauen. Wer richtig plant, hat das Rennen schon fast gewonnen!

# LAND DER ABENTEUER
## Sei auf alles gefasst!

Jetzt gehen wir weiter in den nächsten Themenbereich: das LAND DER ABENTEUER. Rundherum ist Urwald. Bambus und Dattelpalmen bieten allerlei unheimlichen Tieren Deckung. Es beginnt alles ganz fröhlich!

In der Dschungel X-pedition sind eine angenehme Abkühlung und Kribbeln im Bauch garantiert.

Singende Steine begrüßen uns freundlich.

Endlich erreichen wir das Camp von Johnny Thunder. Miss Pippin, seine Assistentin, berichtet uns, dass Johnny auf der Suche nach dem verschwundenen Professor ist. Morgen sollen wir dabei helfen.

Der Pilot eines abgestürzten Flugzeuges hat hier eine Raststation aufgemacht und gibt uns etwas zu trinken.

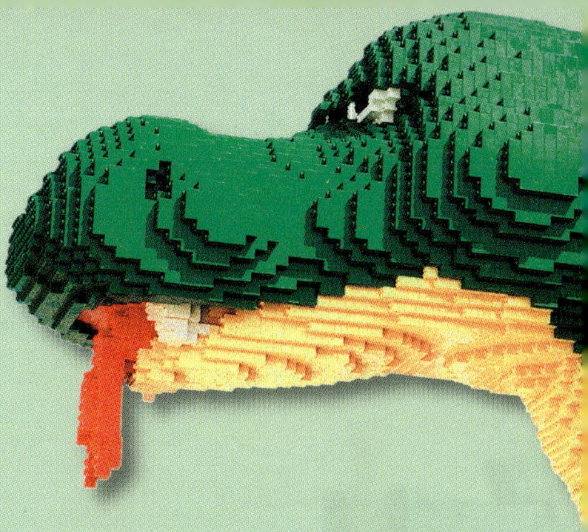

Aus den Palisaden eines alten Forts schaut eine Riesenschlange heraus. Das soll ein Spielplatz sein?

Echsen lauern auf den Felsen.

Bei der Kanutour können die Kleinen eine Reise durch einen Urzeitdschungel machen.

„Seid vorsichtig, ein Panter treibt hier sein Unwesen", ruft uns jemand nach.

# Verschollen im Dschungel

## Eine aufregende Reise

ABENTEURER GESUCHT

**1** Am nächsten Morgen brechen wir früh aus unserem Camp auf. Miss Pippin hat Frühstück gemacht, dann leiht sie uns ein Boot. Wo bloß Johnny Thunder bleibt? Und ob wir den Professor finden?

**2** Das Flusspferd hat wohl noch nicht gefrühstückt.

**3** Endlich steht Johnny am Ufer und zeigt uns auf der Karte den Weg.

**4** Der Styracosaurier scheint friedlich zu sein. Wo der Professor nur stecken mag?

5 Hilfe, ein Brontosaurier! Aber Johnny ist zur Stelle und hat alles im Griff.

Der Berg besteht aus einem Stahlgerüst, über das Matten gelegt wurden. Mit Spritzbeton wurde dann der Felsen modelliert. Die Wasserpumpen sind im Inneren des Berges untergebracht.

Wenn der Beton seine endgültige Oberfläche hat, wird noch „Moos" aufgetragen. Der Berg steht ja schließlich im tropischen Urwald.

6 Ein Entenschnabelsaurier taucht über uns auf. Gut, dass er nur Pflanzen frisst.

Für den 12 m hohen Wasserfall werden pro Sekunde 80 Liter Wasser gebraucht.

7 Plötzlich zieht ein Wasserstrudel unser Boot in eine schaurige Höhle. Johnny muss ein paar Expeditionsmitglieder aus den Schlingen einer fleischfressenden Pflanze befreien. Wieso wird die Strömung plötzlich so stark? Ohh … neiiin …

8 … das war ein Schreck – aber eigentlich doch ganz lustig!

9 Da ist ja der Professor! Die Suche war erfolgreich und die Expedition ist überstanden.

# Dinos aus dem Computer

## Die Geburt eines versteinerten Dinos

Die Phasen der Entstehung:
1. Planung am Computer.

Ist es euch aufgefallen, dass die Dinosaurier im LEGOLAND so echt wirken? Seit einiger Zeit geht man in Billund im Konstruktionsbereich „Shows und Events“ neue Wege. Dazu wurde ein spezielles Computer-Zeichenprogramm für große LEGO® Modelle entwickelt. Einer der vielen Vorteile ist, dass keine Prototypen mehr gebaut werden müssen. Die neue Bautechnik ermöglicht herrliche Details, eine plastischere Farbgebung mit Schatteneffekten und eine fast natürlich wirkende Oberfläche. Zusätzlich werden die Modelle immer häufiger animiert, denn die Besucher erwarten inzwischen naturgetreue und dynamische Szenerien. Es sollen möglichst viele Sinne angesprochen werden. So kann es sein, dass zukünftig auch mit Düften gearbeitet wird.

2. Stahlgerüst schweißen, der Computer gibt den Bauplan vor.

Grundlage für die Konstruktion mit dem Zeichenprogramm ist eine bestehende 3D-CAD-Grafik. CAD heißt Computer aided Design. Damit werden Computergrafiken von beliebigen Objekten wie z. B. Häusern, Autos oder Lebewesen zwei- oder dreidimensional hergestellt. Auch Trickfilme werden so gemacht. Der Computer berechnet dann die Form auf der Basis von LEGO Steinen und legt auch die Farben fest.

Die Bewegungen von Kopf und Maul werden über eine Pneumatik gesteuert.

Man kann sich das simulierte LEGO Modell in diesem 3D-CAD-Programm von allen Seiten ansehen.

3. Stein auf Stein, auch hier hilft der Computer.

4. Gut verpacken und nach Günzburg schicken.

Der Entenschnabelsaurier findet schließlich seinen Platz im Fluss der Dschungel X-pedition und dreht sich, wenn ihr mit dem Boot vorbeifahrt.

„Modellbauen ist sehen!“ Die Modellbauerin beginnt mit dem Kopf des Tieres. Trotz aller Computerhilfe ist sie es, die dem Tier das Leben einhaucht. Der Ausdruck muss stimmen, dazu ist z. B. der Schimmer in den Augen wichtig. Sie muss sich auch mit den Verhaltensweisen und dem Skelettaufbau ihrer Vorbilder beschäftigen, z. B. indem sie Filme anschaut und Bücher liest. Schließlich soll die Muskulatur möglichst naturgetreu erscheinen. Nur so werden die Tiere hinterher „beseelt“ aussehen.

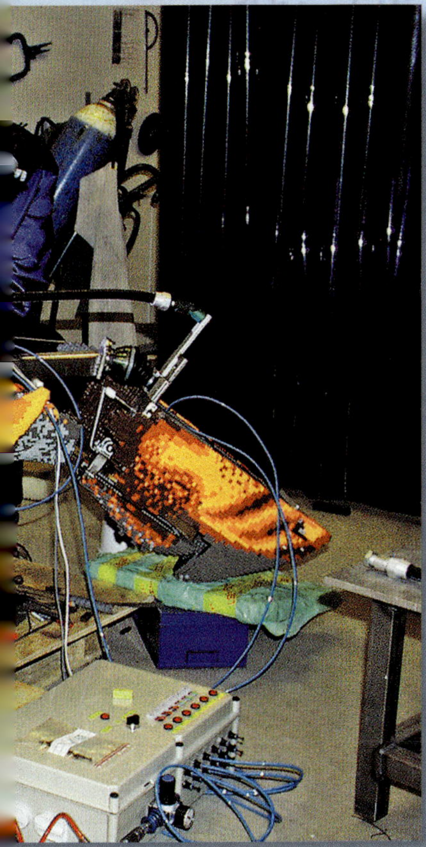

# Die Wildnis erleben

## Ein tierischer Ausflug

Am Rande des Urwaldes, da wo die Steppe beginnt, liegt die Safari Tour. Der gleiche Reiz, der vom MINILAND ausgeht, ist auch in den Modellen dieser Wildnis zu finden. 90 Tiere aus Wüste und Savanne sind hier vertreten. Schnappt euch einen Zebra-Jeep und schon geht es auf Safari. Auch Eltern fahren bei diesem Savannenabenteuer gerne mit. Die „Wildhüter" sind unsere Freunde aus der Modellbauwerkstatt. Jeden Morgen schauen sie, ob ihre Schützlinge gesund sind. Kleine chirurgische Eingriffe werden sofort erledigt.

Ein kleiner Braunbär, noch ist er zum Liebhaben.

Ein paar junge Tiger balgen sich – die ersten Rangfolgekämpfe.

Eines der Prunkstücke der Safari Tour: ein lebensgroßer Elefant.

Misstrauisch betrachtet die Gorillamutter die Besucher.

Als der Strauß in Günzburg ankam, dachte man zuerst, der Kopf wäre beim Transport abgebrochen.

Der Zebra-Jeep fährt an allen Tieren vorbei. An heißen Tagen hält der Elefant eine Erfrischung parat, das Ergebnis ausgefeilter technischer Tricks. Die Bewegung wird durch Luftdruck erzeugt, die Pneumatik dazu steckt im Bauch des Tieres. Im Vorbeifahren hört man auch die Schreie der Tiere und die Gesänge der Eingeborenen.

Die Bauzeit für einen Pelikan beträgt 16 Stunden. Das Wasser in den Seen muss entkalkt werden, sonst gäbe es bald hässliche Ränder an den Füßen der Modelle.

Giraffen waren schon im ersten LEGOLAND® in Billund vertreten, sahen bei weitem aber noch nicht so detailliert aus.

Aus dem Jeep lassen sich die Tiere ganz aus der Nähe beobachten. Damit man nicht vom richtigen Weg abkommt, wird der Wagen über eine Schiene durch das Gelände geführt.

# LEGO XTREME

## LEGO® X-TREME

### Wer ist der Schnellste?

Dieser Themenbereich ist durch Attraktionen wie LEGO® Racers Drome Racing, Project X – LEGO Test Strecke und LEGO Studios vor allem dem LEGO Racing gewidmet. Dazu gibt es für euch jede Menge Wasserspaß, ebenfalls mit high speed. Aber auch euer Wissensdurst soll nicht zu kurz kommen: Im LEGO MINDSTORMS® Center könnt ihr eigene Roboter bauen.

20 m hoch ist die Project X – LEGO Test Strecke, schnell und wendig mit 7,7 m/s. Im Gegensatz zur Drachenbahn sind die Kurven nicht geneigt, d. h. die Fliehkraft zieht kräftig nach außen. Ein gutes Training für Formel-1-Piloten.

Wellenreiter

Die Techno Schleuder: Wer dreht sich schneller? Hier könnt ihr selber die Drehgeschwindigkeit eures Gefährts steuern.

Einen heißen Ritt auf dem Wasser bietet der Wellenreiter. Aber es kann auch ganz schön kühl werden, denn die Zuschauer können Wasserbomben zünden. Da heißt es ausweichen. Doppelspaß: Auch die Bombenwerfer können nass werden.

Bevor die Techno Schleuder im Park gebaut wurde, ist ein kleines LEGO® Modell erstellt worden. Schließlich soll ja alles wirklich wie aus LEGO aussehen.

# LEGO® Racers und 4D-Zauber

## Geschwindigkeit und Illusion

Mit dem LEGO® Racers Drome Racing haben die Konstrukteure ein Fahrgeschäft für euch entwickelt, bei dem ihr während des Rennens – im Gegensatz zu Achterbahnen – selbst die Kontrolle übernehmt. Lebhaft weiß Justin, der Chefdesigner, zu berichten, was alles zu planen war: Zuerst brauchte man eine Hintergrundgeschichte, die wie ein Comic gezeichnet wird. Das nennt man Storyboard. Eine futuristische Halle musste gestaltet werden, ebenso wie die Rennautos und die spannungsgeladene Grand-Prix-Umgebung. Einige Rennfahrer und Ausstellungsstücke sind natürlich aus LEGO Steinen.

Die technische Grundlage der LEGO Racers sind Autoscooter. Das Tempo könnt ihr durch Einhalten einer Ideallinie beschleunigen. Die Metallplatten auf dem Boden geben bei dieser Fahrroute eine höhere Spannung ab. Am Ende des Rennens werden natürlich Rang, Fahrzeit und Tempo angezeigt.

Die erste Skizze des Designers. Ihr folgen Reinzeichnungen von Grafikern sowie Konstruktionszeichnungen mit einem CAD-Programm. Trotzdem wird zur Beurteilung der Optik noch ein Modell aus Holz erstellt, das ca. 50 cm breit ist. Um den richtigen Eindruck zu bekommen, wird es in der späteren Farbe, in diesem Fall in Silber, lackiert.

Der Sieger darf sich auf das Treppchen stellen, unter donnerndem Applaus. Der schwarze Herausforderer ist nur Dritter geworden und der Silberpfeilfahrer lässt den Champagnerkorken knallen.

Eine der Figuren aus dem 4D-Film „Racers“ erwartet uns schon am Eingang zum DROME.

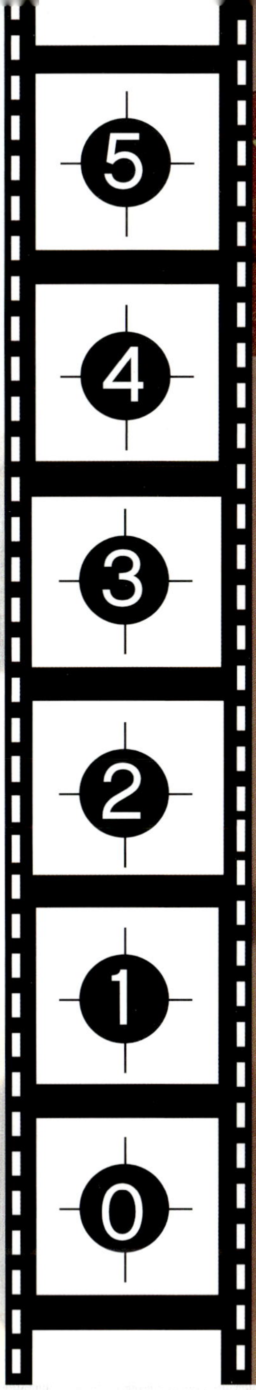

Eine völlig neue Entwicklung bieten die LEGO® Studios mit einem 4D-Film. Knapp 500 Sitzplätze umfasst das Kino, dessen Bühne auch für andere Showevents genutzt werden kann. Die vierte Dimension besteht aus Überraschungseffekten, die wir hier nicht verraten wollen.

Ein kleiner Schmied ist der Held im neuen 4D-Film „Der Zauberschwur“. Zusammen mit der Prinzessin macht er sich auf zu der Burg des bösen Zauberers, der das Königreich mit einem gemeinen Fluch belegt hat.

Produziert wurde der Film in Dänemark. Er läuft in allen vier LEGOLAND® Parks. Für Rennfahrer, die es etwas rasanter mögen, läuft außerdem der 4D-Film „Racers“.

Bevor der Film produziert wurde, haben Zeichner ein Storyboard erstellt. Nach diesen Vorgaben wurden dann die Szenen im Film umgesetzt.

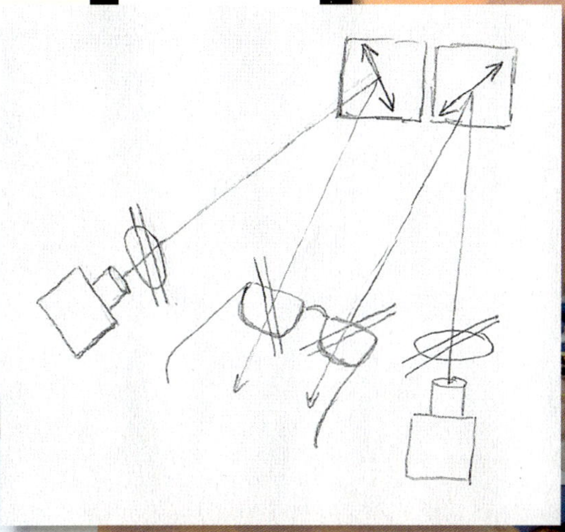

Für den 3D-Effekt muss der gesamte Film zweimal berechnet werden, jeweils aus zwei verschiedenen „Kamerawinkeln“ in Augenabstand. Gezeigt wird er dann auch über zwei Projektoren. Bei der Vorführung im Kino ist vor jedem dieser beiden Projektoren ein Polfilter. Der Trick dabei ist, dass Polfilter die Schwingungen des Lichtstrahls nur in einer bestimmten Ebene durchlassen.

Zwei weitere, gleich ausgerichtete Polfilter sind dann in der Brille. So bekommt jedes Auge nur das Bild „seines“ Projektors zu sehen. Die jeweils andere Ebene wird nicht durchgelassen.

# LEGO® MINDSTORMS® Center und LEGO Akademie

## Begreifen und Gestalten

Einsteins Augen folgen computergesteuert dem vorbeigehenden Besucher.

Den Eingang zum LEGO MINDSTORMS® Center und der LEGO Akademie ziert der übergroße Kopf des Jahrhundertgenies Albert Einstein. Ein Ausspruch von ihm könnte auch für das LEGO Edutainment stehen: „Wenn die Menschen nur über das reden würden, was sie begreifen, wäre es bald sehr still auf der Welt.“ Und LEGO Steine helfen euch beim Begreifen.
So lautet die LEGO Philosophie:
Lernen soll mit aktivem Gestalten einhergehen. Be-denken, Be-greifen, Be-obachten, Be-merken sind Teile des Lernens. Das Ziel ist vernetztes Lernen, mit Spaß und allen fünf Sinnen. Spielen ist kein Kinderkram, sondern Probehandeln. Jeder erwachsene Planer spielt z. B. seine Ideen durch.

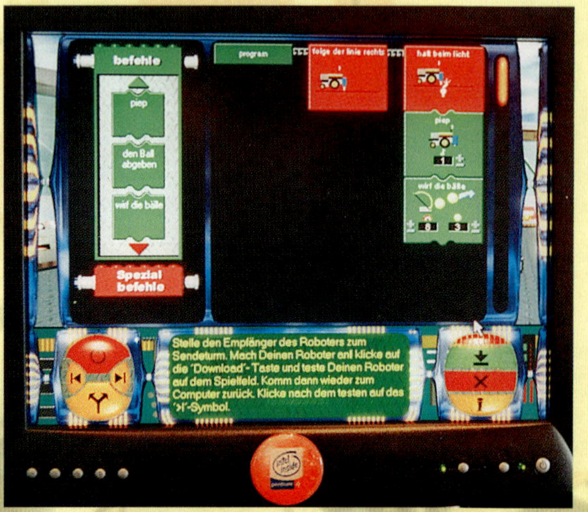


Die einzelnen Schritte der Programmierung des RCX werden am Bildschirm eingegeben, durch Aneinanderreihen von bunten Befehlskästen. Jede Befehlsart hat eine eigene Farbe.

Der LEGO Computer RCX mit Motorsteuerung, LCD-Display und verschiedenen Sensoren.

Für die Beliebtheit von LEGO MINDSTORMS® scheint es keine obere Altersgrenze zu geben. Rund die Hälfte der Besitzer dieser Sets sind Erwachsene im Alter von 25 bis 45 Jahren.

Wenn es mal nicht klappt, ist Monika zur Stelle. Sie ist Erzieherin und hat einen Saisonjob im LEGOLAND®.

Das Ziel der Programmierung ist, dass der „Adventure Robo“ einen komplizierten Weg zu einem Tempel fährt, um dort einen Drachen zu besiegen. Die „Waffen“ dazu könnt ihr euch vorher aussuchen. Mehrere „Fallen“ liegen am Weg.

Für alle Bauten stehen natürlich genügend Teile zur Verfügung und zur technischen Unterstützung darf ein Computer nicht fehlen.

Verschiedene Workshops werden für maximal je 32 Teilnehmer angeboten. Am besten lasst ihr euch gleich nach eurer Ankunft einen Termin geben. Schulklassen sollten sich einige Tage vorher anmelden.

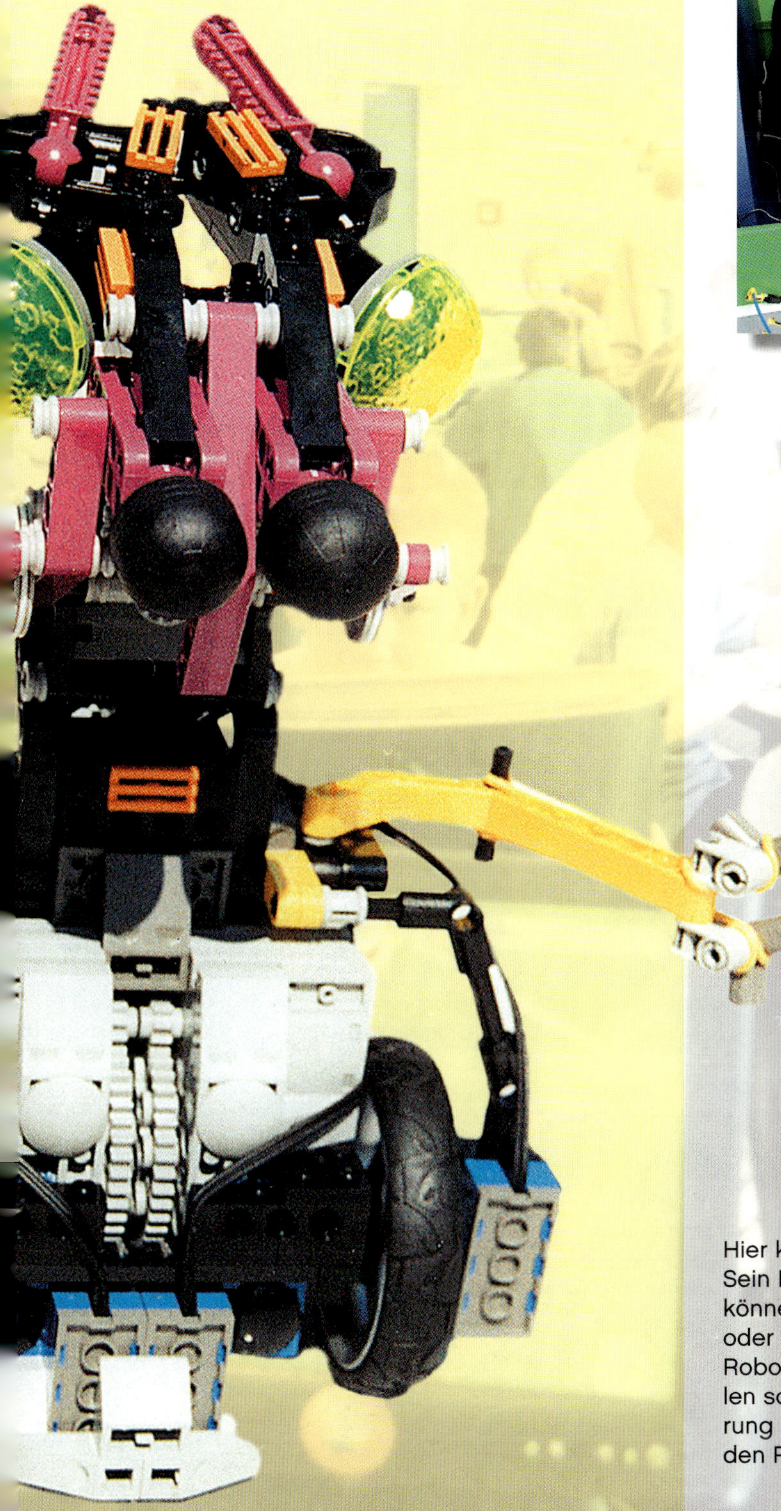

Hier könnt ihr z. B. diesen „Adventure Robo“ bauen. Sein Herzstück ist der LEGO® Computer. Sensoren können den Weg sehen, Lichtsignale erfassen oder Gegenstände ertasten. Mittels Motoren kann Robo vorwärts rollen und mit den zwei Gummipfeilen schießt er auf einen Drachen. Die Programmierung ist individuell und wird per Infrarot vom PC auf den Roboter übertragen.

# Galileo WISSENSWELTEN

Die Galileo Wissenswelten bestehen aus zehn Lernstationen, die perfekt in das Gesamtkonzept des Parks integriert sind und auf den vorhandenen Attraktionen basieren. Sie behandeln die Themen:

- Kreisel
- Beschleunigung & Geschwindigkeit
- Schwingung & Impuls
- Schwerkraft & Energie
- Maße, Flächen, Körper
- Elektrizität
- Magnetismus
- Licht & Farben
- Kraft & einfache Maschinen

Ständiger Begleiter in den Wissenswelten ist das Entdeckerheft. Es bietet umfangreiches, spannendes Lernmaterial mit vielen Aufgaben zu den einzelnen Stationen. Das Entdeckerheft enthält Fragen zu den Galileo Wissenswelten, welche selbstständig und im Rahmen des Parkaufenthaltes gelöst werden können.

Die Unterlagen können bereits zur Vorbereitung im Unterricht angefordert werden. Vielleicht möchte euer Lehrer auch einmal mit euch ins LEGOLAND®.

## Kreisel

Bei der LEGO® Fahrattraktion „Wellenreiter" geht es um das Erleben von Drehbewegungen. Die Kinder können selbst mitfahren und die Kräfte, die durch die Bewegung und die Trägheit der Körper entstehen, erspüren. Impulsfragen für diese Station der Galileo Wissenswelten: Wohin zieht es dich im Karussell? Wo bist du schneller – innen oder außen?

## Beschleunigung & Geschwindigkeit

Im LEGO Bau- und Testcenter könnt ihr ein eigenes LEGO Fahrzeug bauen und testen. Messt eure Autos mit anderen auf einer Rampe. Mit unterschiedlichen Materialien könnt ihr entwerfen und erproben. Eine Leitfrage für echte Nachwuchs-Konstrukteure: Warum fährt dein Auto schneller?

## Schwingung & Impuls

Ebenfalls im LEGO Bau- und Testcenter befindet sich ein Rütteltisch mit Anregungen zum Bau eines Turms. Ziel ist es hier, einen möglichst hohen Turm aus LEGO Steinen – schmal oder breit, kasten- oder pyramidenförmig – zu bauen, der einem simulierten Erdbeben standhält. Wie übersteht dein Turm das Erdbeben? Eine Frage, die viel Raum zum Nachdenken bietet.

## Schwerkraft & Energie

An der Achterbahn Project X geht es um Energie, die aus der Schwerkraft kommt. Auf der Bahn könnt ihr den Wandel der Energie von der potenziellen Energie (erhöhte Lage) zur kinetischen Energie (schnelle Bewegung) erfahren. Was gibt dir Schwung auf der Achterbahn?

## Maße, Flächen, Körper

Im LEGO Bau- und Testcenter befasst sich die Station „Maße, Flächen, Körper" mit der Geometrie. Ihr setzt an einem Tisch einen rätselhaften Kubus aus LEGO Steinen zusammen. Er besteht aus verschiedenen, seltsam geformten Elementen und erinnert an die Wiederholung von gleichen Formen in der Natur.

## Elektrizität

Im Inneren einer Plasmakugel im Turm der Burg KNIGHTS' KINGDOM™ sieht man elektrische Entladungen als Blitze zucken. Sie erinnern an Gewitter, an Funken und zauberhafte Leuchterscheinungen. Verantwortlich sind kleine elektrisch geladene Teilchen – die Elektronen. Die Impulsfrage, die ihr hier beantwortet bekommt: Was ist Strom?

## Magnetismus

Magnetkräfte haben etwas Geheimnisvolles. Man kann sie nicht sehen oder fühlen, sie sind aber da. Bei der Hafenrundfahrt beobachtet ihr an einem überdimensionalen Kompass die Wirkungen von Magnetkräften und erkundet diese durch Experimente. Mit kleinen Stabmagneten könnt ihr die Kompassnadel beeinflussen. Wie funktioniert ein Kompass? Findet es heraus!

## Licht & Farben

In den LEGO Studios betrachtet ihr die kleine LEGO Welt durch farbige Scheiben hindurch und erzeugt durch Verschieben neue Farbkombinationen. Warum ist die Welt bunt?

## Kraft & einfache Maschinen

Passend zum Kids Power Tower, ein Turm mit Seilzügen, an dem man sich selbst hochziehen kann, geht es um „Kraft". An einem Modell kann dabei die Wirkungsweise von unterschiedlichen Seilrollen nachvollzogen werden. Mit mehreren Rollen lässt sich ein Flaschenzug bauen, und das Hochziehen eines Gewichts fällt erheblich leichter. Hier ist die Frage: Warum bist du so stark?

# Eine Region bekommt Noppen

## Wie alles begann ...

Für den vierten LEGOLAND® Park standen zuletzt Günzburg und Tokio zur Wahl. Beide Städte hatten eine Gemeinsamkeit: Im Umkreis von zwei bis drei Fahrstunden leben rund 25 Millionen Menschen. In Japan hätte ein LEGOLAND den Markt für die bunten Steine vorbereitet, Deutschland dagegen ist einer der umsatzstärksten Abnehmer. Aus diesem Grund fiel die Wahl im September 1999 schließlich auf Günzburg.
Die Region ist nun im Aufbruch: Bis zu 800 Saisonkräfte werden jedes Jahr benötigt. Heimische Baufirmen und Lieferanten erhalten Aufträge, denn auch die Infrastruktur muss dementsprechend ausgebaut werden. Mindestens 1,3 Millionen Besucher werden jährlich erwartet, die man gerne ein paar Tage in der Gegend halten möchte. Eine Studie der Universität Augsburg hat in der Region über 2000 Sehenswürdigkeiten und Attraktionen ausfindig gemacht, wie Radwege, Schlösser und Burgen, Wallfahrtskirchen, Freizeitbäder und Tierparks. Und es kommen immer wieder Freizeitaktionen für Familien mit Kindern hinzu.

Für die Standortwahl war auch die gute Lage entscheidend: an der A8 zwischen München und Stuttgart sowie der A7 von Würzburg bis Füssen. Dazu kam das schöne Waldgebiet.

Richard ist Senior Construction Director. Er hat schon LEGOLAND California mit aufgebaut.

Januar 2001: Landschaftsmanager Lukas musste dafür sorgen, dass 16 Monate später hier ein grüner Park entsteht.

Nicht nur beim ersten Spatenstich im Oktober 2000 waren sie maßgeblich beteiligt: John Jakobsen, damals Chef vom LEGOLAND Deutschland, Ex-Bundesfinanzminister Theo Waigel, Bayerns ehemaliger Justizminister Alfred Sauter, LEGO® Chef Kjeld Kirk Kristiansen, Bayerns Landwirtschaftsminister Joseph Miller, Günzburgs Oberbürgermeister Rudolf Köppler, damaliger Bezirkstagspräsident Georg Simnacher und Landrat Hubert Hafner.

Auf der Baustelle arbeiteten bis zu 700 Menschen aus vielen Nationen; 87 Fremdfirmen waren beteiligt. Nicht allein deshalb ist die Verkehrssprache bei der LEGO Group Englisch. In der heißen Schlussphase, wo manche schon mit Aufräumen beschäftigt waren, andere aber noch installierten, war diese Aufschrift sicher eine gute Idee: „Dieses Teil wird noch gebraucht.“

Nach der grundlegenden Planung wurde der Park als Modell aufgebaut. Allen, die an der Entstehung interessiert waren, wurde im Preview-Center erklärt, wie der Park einmal aussehen soll. Es gehört zum Konzept der LEGO Group, als fairer Partner aufzutreten. Deswegen wird z. B. die umliegende Bevölkerung frühzeitig über Planungen informiert und angehört.

Für die Erschließung des Geländes waren 1,2 Millionen Tonnen Erde zu bewegen, da ein Munitionslager aus dem Zweiten Weltkrieg entfernt werden musste. Dietmar Mettler ist Architekt und war einer der Projektleiter. Stolz erzählt er uns, dass es gelungen ist, den Park ein Jahr früher als geplant fertigzustellen, „rechtzeitig, im Rahmen des Budgets und ohne Rechtsstreit. Dies ist außergewöhnlich für ein derartiges Mammutprojekt." Das Budget betrug über 150 Millionen Euro.

Halt doch eben mal den Wolkenkratzer! Die Modelle sind weitgehend in Billund entstanden und nach Günzburg gebracht worden. Die Hochhäuser der Frankfurter Skyline wurden auf einer massiven Betonplatte verankert.

140 Hektar stehen langfristig zur Verfügung, davon sind nun 60 Hektar bebaut; das entspricht 30000 großen Kinderzimmern. Platz genug für die zahlreichen Besucher. Auch genug für weitere Planungen, wie neue Attraktionen und Übernachtungsmöglichkeiten.

# Freizeitattraktionen der Merlin Entertainments in Ihrer Nähe

Stand: Juni 2006

# Merlin Entertainments Gruppe
## Immer wieder ein neues Erlebnis

Seit Juli 2005 gehören die LEGOLAND® Parks weltweit zu dem englischen Freizeitunternehmen Merlin Entertainments Group. Mit weit über 12 Millionen Gästen ist die Merlin Gruppe der zweitgrößte Anbieter von Freizeitattraktionen in Europa und der neuntgrößte weltweit. Zu den Freizeiteinrichtungen des Unternehmens gehören vier verschiedene Marken:
Sea Life, LEGOLAND, Dungeon und Earth Explorer.

Die LEGO Gruppe ist an dem Freizeitunternehmen Merlin Entertainments mit 30 Prozent beteiligt. Übergreifendes Element aller vier Marken ist die Interaktivität der Einrichtungen. Spaß und Unterhaltung sind mit spielerischem Lernen verbunden und die Gäste können in allen Erlebniswelten an verschiedensten Stellen aktiv am Geschehen teilnehmen.

## LEGOLAND Parks

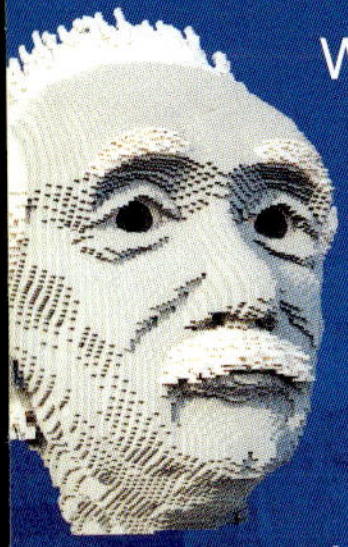

Weltweit existieren vier LEGOLAND Parks. Der ursprüngliche Park ist 1968 in Billund (Dänemark) entstanden. In den 90er Jahren eröffneten dann weitere Parks in Windsor (England) und Carlsbad (Kalifornien/USA). Günzburg (Deutschland) folgte 2002. Das Konzept der LEGOLAND Parks basiert auf den LEGO Werten „spielerisches Lernen", „grenzenlose Ideenvielfalt", „Interaktivität" und „aktiver Spaß". Familien können den Park gemeinsam erkunden und erleben eine einzigartige Mischung aus spannender Unterhaltung und edukativem Anspruch.

## Hamburg Dungeon

Gruselig geht es in den Dungeons zu. Diese sind eher etwas für ältere Kinder und Erwachsene mit stärkeren Nerven. Eine nicht ganz ernst zu nehmende, aber historisch korrekte Grusel-Show entführt die Besucher in die unklen Kapitel der jeweiligen Stadtgeschichte. utzende Schauspieler in aufwendigen Kostümen, nterstützt durch ausgeklügelte Spezialeffekte, ehmen den Besucher mit auf eine aufregende storische Tour der Sinne. Eine Reise in die Vergan-enheit zum Sehen, Hören, Riechen und Fühlen.

## Earth Explorer

Im Earth Explorer können Jung und Alt sehen und fühlen, wie die vier Elemente Erde, Luft, Feuer und Wasser die Erde geformt haben und wie sie kontinuierlich das tägliche Leben beeinflussen. Eine bildende Entdeckungsreise wird zu einem interaktiven Abenteuer inmitten von Naturgewalten und Unterhaltung.

## Sea Life Center

Die Sea Life Center gewähren einen umfassenden und informativen Einblick in die Meere und Ozeane der Welt. Dank eines einzigartigen Darstellungsverfahrens und mit biologischem Fachwissen und unterhaltungstechnischem Können sind die Besucher in der Lage, übergangslos von europäischen in tropische Gewässer zu reisen. So kommt es zu überraschenden, hautnahen Begegnungen mit allem, was sich unter Wasser bewegt; von harmlosen Krabben, Seesternen und Seepferdchen, bis hin zu Haien und Stachelrochen.

## Wegbeschreibung

Autofahrer erreichen das LEGOLAND® Deutschland über die Autobahn A8 München–Stuttgart, Abfahrt Günzburg. Wenn ihr mit der Bahn anreisen wollt, fährt ein Shuttle-Bus vom Bahnhof ins LEGOLAND.

## Jahreskarte

Es gibt auch Jahreskarten. Die Tageskarte kann man sich auf eine Jahreskarte anrechnen lassen.

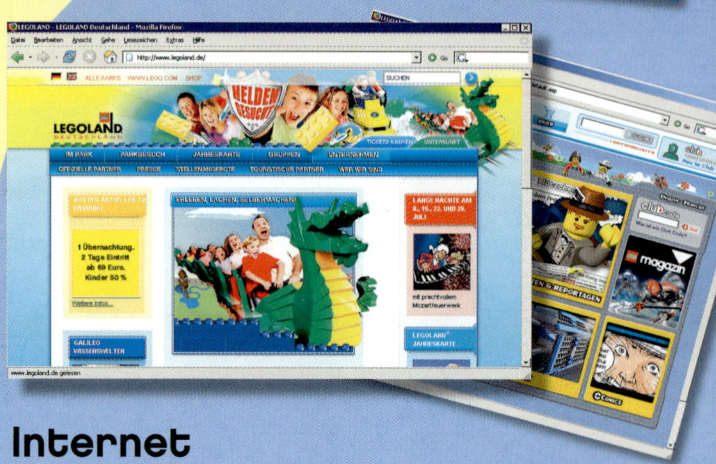

## Internet

Natürlich ist das LEGOLAND® auch im Internet vertreten: Unter www.LEGOLAND.de erhaltet ihr Informationen über Neuigkeiten und Veranstaltungen im Park. Unter www.LEGO.de findet ihr alle Infos zu LEGO®.

## Reisen

Reiseangebote, Übernachtungen und mehr gibt es bei LEGOLAND® Tours:
D: 01805 / 990 290 (0,12 €\Min.)
CH: 0848 / 990 290 (0,12 CHF\Min.)
A: 0820 / 820 870 (0,15 €\Min.)
oder www.LEGOLANDtours.de

## Öffnungszeiten

LEGOLAND® Deutschland hat in der Regel von Ostern bis Anfang November geöffnet. Genaue Öffnungszeiten findet ihr unter www.LEGOLAND.de oder Tel: 08221 / 700 700

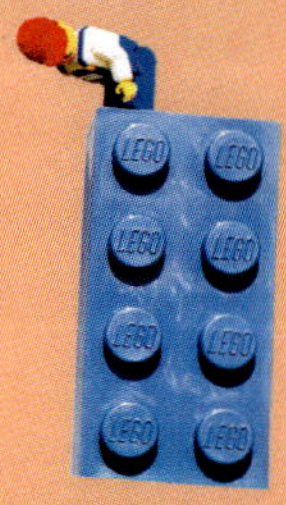

## Tiere

Dies ist einer der wenigen Hunde, die sich im Park aufha ten dürfen. Für alle anderen Hunde gibt es ein Hundehaus am Parkplatz 3.

## Eintritt

Niemand darf so in den Park. Die aktuellen Eintrittspreise, Öffnungszeiten und alle anderen Park-Informationen erfahrt ihr unter:
Tel.: 08221 / 700 700 oder www.LEGOLAND.de.
Gruppenbuchungen und Anmeldung für Workshops:
Tel.: 08221 / 700 211.
Ihr könnt auch eine Mail schicken an gruppen@LEGOLAND.de.

## LEGO® Club

LEGO club ™

Wer Mitglied wird, erhält kostenlos zwei Jahre lang sechsmal im Jahr das LEGO® Magazin und Sonderangebote.
Kontakt: 0180 / 522 13 14

## Impressum

Autor: Bernd Wißner
Fotos: Bernd Wißner, Alfred Neff, Michael Friedrichs, Marc Grethen, Stefan Puchner
Ulrich Wagner, Augsburg, Norbert Schäfer, Düsseldorf, LEGOLAND® Deutschland
Layout: Marc Grethen
Redaktion: Annette Uhlmann, Kareen Wischnewski, Marion Pachmann, LEGOLAND Deutschland
Druckerei: Joh. Walch, Augsburg



Bibliografische Information Der Deutschen Bibliothek
Die Deutsche Bibliothek verzeichnet diese Publikation in de Deutschen Nationalbibliografie; detaillierte bibliografische Date sind im Internet über http://dnb.ddb.de abrufbar
ISBN-13: 978-3-89639-540-5
ISBN-10: 3-89639-540-8

Hergestellt vom Wißner-Verlag unter Lizenz der LEGO Gruppe.